24 HEURES EN Bretagne

UNE JOURNÉE, UNE AVENTURE

CHRISTIAN LAUSE

Collection **24 HEURES**

24 HEURES EN Bretagne

Auteur
Christian Lause

Coordination éditoriale
Audrey Avanzi

Édition
Camille Delenclos

Révision pédagogique
Aurélie Buatois, Simon Malesan

Conception graphique, couverture et mise en page
Oriol Frias, Pablo Garrido

Correction
Diane Carron

Remerciements
Estelle Foullon, Agustín Garmendia

Traductions
Jutta Breyer, Richard Pike, Asun Renau, Alessandra Repossi

ISBN : 978-84-16657-67-4

Imprimé dans l'UE

Photographies

Couverture : rh2010/fotolia.com;

Chapitre 1: Manok/fotolia.com, Victoria Andreas/fotolia.com, vadim70 ovthinnikov/fotolia.com, ALF photo/fotolia.com, Laetitia/fotolia.com, Valya82/dreamstime.com, alepvfoto/fotolia.com, Carlos Santa Maria/fotolia.com, d_e_r_i_c/fotolia.com, jeanmi974/fotolia.com, Kisa_Markiza/fotolia.com, Arno0909/fotolia.com, Mathis73 B./wikipedia.org, Thomas Pajot/fotolia.com, Robyn Mackenzie/dreamstime.com, Daliu80/dreamstime.com, Pir6mon/wikipedia.org, clarom69/fotolia.com, Aygul Bulté/fotolia.com;

Chapitre 2: Stephen Coburn/dreamstime.com, BlueGate/fotolia.com, Irina Kharchenko/dreamstime.com, Vyacheslav Kharkin/dreamstime.com, Roman Motizov/dreamstime.com, StockSnap/pixabay.com, Andrey Kiselev/dreamstime.com, Viorel Dudau/dreamstime.com, Rundvald/wikipedia.org, uckyo/fotolia.com, Andrey Kiselev/dreamstime.com, BlueGate/fotolia.com, Irina Kharchenko /dreamstime.com, Danielle Bonardelle/fotolia.com, bigfish85/fotolia.com, mm_201/fotolia.com, Richard Villalon/fotolia.com;

Chapitre 3 : hardelot/fotolia.com, galam/fotolia.com, zhu difeng/fotolia.com, nd3000/fotolia.com, Stephv38/fotolia.com, Like/fotolia.com, Tamara Bauer/fotolia.com, Free-Photos/pixabay.com, ndupond/fotolia.com, Elisa Bonomini/dreamstime.com, Cécile Haupas/fotolia.com, Daliu80/dreamstime.com, Dudarev Mikhail/fotolia.com, waechter-media.de/fotolia.com, xflahaut/fotólia.com, galam/fotolia.com, aquaphoto/fotolia.com, muffinn/flickr.com, Bertrand f/wikipedia.com, murielle29/flickr.com;

Chapitre 4: Bojan Veskovic/dreamstime.com, Mihai-bogdan Lazar/dreamstime.com, Fahrner78/dreamstime.com, LIGHTFIELD STUDIOS/fotolia.com, igor_kell/fotolia.com, georgejmclittle/fotolia.com, DjiggiBodgi.com/fotolia.com, Natanael Alfredo Nemanita Ginting/dreamstime.com, rh2010/fotolia.com, Laure.C/fotolia.com, 120bpm/fotolia.com, Pavel Ilyukhin/dreamstime.com.

EDITIONS maison des langues

24 HEURES EN Bretagne

UNE JOURNÉE, UNE AVENTURE

SOMMAIRE

DICTIONNAIRE VISUEL CHAPITRE 1

DES CHEVEUX

UN PORT

DES RIDEAUX

DES BONBONS À LA MENTHE

LE PETIT DÉJEUNER

UNE MAISON DE PÊCHEUR

UN CHALET DE MONTAGNE

SPORTIF (IVE)

UN BATEAU À VOILES

UNE VAGUE

CHAPITRE 1

C'est le premier jour des vacances pour Morgane et son père. Renan est heureux de passer du temps avec elle et de loger dans une petite maison à Saint-Briac-sur-Mer, un port de Bretagne très pittoresque[1], situé près de Saint-Malo. C'est une ancienne maison de pêcheur bien restaurée[2] et confortable. Elle est à côté de la plage. Renan ne l'a pas louée[3], il l'a échangée sur un site Internet appelé *Échangez votre maison pendant les vacances*.

L'ÉCHANGE DE MAISONS POUR LES VACANCES

C'est une manière de voyager moins cher et de séjourner chez l'habitant. L'idée est née dans les années 1950 aux États-Unis. Depuis, elle a séduit de nombreux Français : ils sont environ 40 000 à échanger chaque année leur maison pour les vacances.

Le propriétaire de la maison de pêcheur est content de passer deux semaines à Chamonix dans le chalet de montagne de Renan.

Ce matin-là, Renan réveille sa fille à 8 heures. Il ouvre les rideaux, et le soleil éclaire[4] la chambre.

– Allez, Morgane, debout ! C'est l'heure de se lever !

– Mais, papa, c'est les vacances ! répond Morgane. Elle fait la tête[5].

– J'ai loué un bateau pour la matinée et j'ai préparé le petit déjeuner. Tu ne vas pas rester au lit jusqu'à 10 heures ! Je t'attends au rez-de-chaussée[6].

Morgane descend en pyjama, sans enthousiasme. Pourquoi a-t-elle accepté de partir seule avec son père ? Parce que sa mère a insisté[7]. Elle lui a dit : « Passe un peu de temps avec ton père. Il t'emmène en Bretagne, la région où il est né. C'est important pour lui... » Son père est enseignant d'histoire-géographie dans un lycée à Paris. Morgane a 15 ans. Elle n'a pas passé de vacances avec son père depuis que ses parents ont divorcé[8]. Mais tout le monde lui a dit : « Tu verras, c'est vraiment sympa, la Bretagne ! »

Renan a préparé un petit déjeuner vraiment léger, et Morgane se demande pourquoi.

– Il ne faut pas trop manger, dit-il, sinon tu auras le mal de mer[9]. Ça arrive souvent quand on n'a pas l'habitude de[10] naviguer.

– Mais j'ai faim ! répond Morgane.

Le silence s'installe[11].

– Tu es de mauvaise humeur ? demande son père. Pourquoi ? À quoi penses-tu ? Qu'est-ce qui te ferait plaisir ?

Morgane ne dit rien. Son père pose trop de questions. Elle mange un morceau de pain, boit une tasse de thé, puis elle se douche et s'habille.

LE LYCÉE PRÉPARE LES FRANÇAIS AU BAC !

En France, après le collège (de 11 à 15 ans), on entre au lycée (de 15 à 18 ans). Le lycée prépare les élèves au diplôme du baccalauréat, aussi appelé « bac », en trois ans : seconde, première et terminale.

Les lycéens ont la possibilité de suivre la voie générale (il y a trois séries : littéraire, scientifique, économique et sociale), la voie technologique (huit séries préparent à des études supérieures en deux ans) ou la voie professionnelle (CAP ou bac professionnel pour se former à un métier et entrer rapidement dans la vie active).

Au moment de sortir, son père crie :
– N'oublie pas de prendre un médicament[12] contre le mal de mer.
– Non, merci. Pas besoin ! Prends-en un, toi, si tu veux...
– Tu sais bien que j'ai l'expérience de la mer. À ton âge, j'ai...
– Oui, toi, tu as pris des cours de voile quand tu étais jeune ! Tu me le répètes tout le temps.

Renan voit bien que Morgane est agacée[13], mais il ne sait pas comment réagir. Comment faire pour que les vacances se passent bien ? Il regarde sa fille avec tendresse, elle est presque aussi grande que lui... Ses longs cheveux blonds s'agitent dans le vent. Elle a une silhouette sportive, pourtant elle ne fait pas de sport.

À 8 heures, le catamaran sort du petit port[14]. Il fait beau, il y a du vent. Les conditions sont idéales pour naviguer, mais les vagues sont fortes et font bouger le bateau de gauche à droite. Morgane devient vite toute blanche et a envie de vomir[15].

– Ça ne va pas, Morgane ? lui demande Renan.
– Non, pas du tout ! Ça se voit, non ?
– Tu dois te concentrer sur quelque chose. Viens tenir la barre[16]. J'ai apporté des bonbons à la menthe. C'est un bon truc contre le mal de mer.

Inutile ! pense Morgane. De toute façon, elle est tellement malade qu'elle ne veut rien entendre. Elle veut juste qu'on la laisse tranquille. Bien sûr, elle ne profite absolument pas de[17] la promenade en mer. Après une heure, ils décident de rentrer.

Au moment où ils arrivent sur la plage, ils voient un groupe de jeunes du même âge que Morgane. Ils déplacent des bateaux, vérifient les voiles et le matériel. Ils sont déjà moniteurs de voile. Ils aident Renan et Morgane à sortir leur catamaran de l'eau.

– Alors, c'est pas génial, la voile ? demande l'un d'eux à Morgane.

– Bof ! dit Morgane.

VIVE LES SPORTS NAUTIQUES !

Les sports nautiques les plus pratiqués en Bretagne sont la voile, la planche à voile, le stand-up ou paddle, le surf, le kitesurf et le canoë-kayak. En Bretagne, il y a un sport pour chaque âge. La plupart des jeunes Bretons apprennent à faire de la voile avant de passer leur permis de conduire. Ils commencent très tôt dans des clubs nautiques tels que l'école de voile des Glénans, qui a une très bonne réputation.

Il s'approche d'elle, mais Morgane n'est pas de bonne humeur. Elle s'éloigne.

Quand elle se retourne, les moniteurs de voile lui font des signes amicaux.

– Ils ont l'air sympas, remarque Renan, pourquoi tu ne leur dis rien ?

Morgane n'a pas envie de répondre. Et encore moins quand c'est son père qui le lui demande !

LES PORTS DE BRETAGNE

La Bretagne est la région où il y a le plus d'échanges issus de la pêche. Les ports bretons favorisent les activités commerciales maritimes et le transport de marchandises. Les trois plus grands ports bretons sont Lorient, Brest et Saint-Malo. Les ports de Guilvinec, dans le Finistère, de Lorient, dans le Morbihan et d'Erquy, dans les Côtes-d'Armor, comptent parmi les plus importants ports de pêche. Il existe aussi des ports de plaisance, où les bateaux et les voiliers peuvent s'arrêter.

ACTIVITÉS

CHAPITRE 1

1

Vrai, faux ou on ne sait pas ? Coche la bonne réponse.

	Vrai	Faux	On ne sait pas
Renan est originaire de Bretagne et travaille à Paris.			
En vacances, Morgane aime se lever tôt.			
Renan et Morgane ont échangé leur maison pendant deux semaines.			
La mère de Morgane est professeure à Paris.			
Renan a loué un bateau à voiles pour une demi-journée.			

2

Comment se passe la sortie de Renan et Morgane en bateau ? Réponds aux questions.

a) Les conditions sont idéales pour naviguer. Quel temps fait-il ?

----

b) Comment réagit Morgane quand le bateau bouge ?

----

c) Renan fait deux suggestions à Morgane pour aller mieux : lesquelles ?

1.

2.

---

d) Quand ils arrivent sur la plage, qui vient les aider ?

3

Et toi, qu'est-ce que tu aimes faire quand tu es en vacances ?

	Oui	Non
Tu préfères les vacances à la mer plutôt qu'à la montagne.		
Tu te lèves tôt pour profiter de tes journées.		
Tu pratiques un sport nautique.		
Tu aimes les voyages en voiture.		
Tu visites les villes, les musées et les monuments historiques.		

LA BRETAGNE

DES ORIGINES CELTIQUES

La Bretagne est l'une des dix-huit régions françaises. Elle se trouve à l'ouest de la France. Elle est bordée par l'océan Atlantique et la Manche. C'est la quatrième région la plus touristique de France.

Kerlouan, dans le Finistère

POINTS DE VUE CULTURELS

Les premiers Bretons habitaient où se trouve la Grande-Bretagne actuelle. Envahis par les Romains, ils ont conservé leur langue, le breton, et de nombreuses coutumes régionales. Ils ont ensuite été envahis par les Saxons, un peuple germanique. Puis, ils ont commencé leur migration vers l'Armorique, l'actuelle Bretagne.

En Bretagne, il y a des paysages variés : le bord de mer, la Côte de Granit rose, les bois, les forêts et les villes comme Quimper, Rennes ou Dinan sont bien préservés.

La Bretagne est l'une des régions de France qui compte le plus d'îles : l'archipel de Glénan et ses eaux turquoise, l'Île de Bréhat, l'Île d'Ouessant et ses moutons, l'Île-aux-Moines et ses plages, Belle-Île-en-Mer, la plus grande...

Les Bretons sont attachés à leur région et fiers de leur patrimoine culturel : leurs origines celtes, leur langue, leurs maisons de granit rose, leurs ports de pêche, leurs plages, leurs musiques et chants traditionnels...

DICTIONNAIRE VISUEL CHAPITRE 2

UNE FÉE

UNE SORCIÈRE

ÊTRE DE BONNE HUMEUR

UN JOURNAL

UN LIVRE

UN CONCERT

UN VAMPIRE

UNE FORÊT

CHAPITRE 2

De retour dans la maison de vacances, Morgane se réfugie[18] dans une petite pièce avec une bibliothèque. C'est très intéressant d'échanger son appartement : ça permet de découvrir les goûts des autres. Elle prend un livre sur les légendes[19] locales et découvre qu'il y beaucoup d'histoires bretonnes fabuleuses.

Vers midi, elle rejoint son père, qui, de son côté, lit le journal sur la terrasse.

– Papa, tu savais que la demi-sœur du roi Arthur s'appelait Morgane ?

– Oui, je sais bien, j'ai pensé à elle quand nous avons choisi ton prénom.

– Et aujourd'hui, j'adore les mondes merveilleux, les livres et les films d'heroic-fantasy !

Renan se rend compte qu'il ne sait pas ce qu'aime sa fille. À part *Le Seigneur des anneaux*, il ne connaît pas ses romans ni ses films préférés. Il comprend aussi qu'il ne lui a pas souvent posé de questions sur ses passions. Dans un premier temps, il ressent une grande tristesse[20] puis, devant l'enthousiasme de sa fille, il retrouve le sourire.

– Parle-moi des livres que tu as le plus aimés.

– Eh bien, j'ai aimé la saga *Autre-Monde*, j'ai adoré *Le Sorceleur*, et toutes les histoires où l'héroïne est une

sorcière, une fée, un vampire ou une télépathe[21]. Dis, papa, il y a quelque chose que je ne comprends pas : le roi Arthur, les chevaliers de la Table ronde[22], je croyais que ces légendes étaient anglaises. Elles sont françaises, alors ?
– Une chose est sûre, au Moyen Âge[23], des populations d'origine celtique ont quitté la Grande-Bretagne et sont venues s'installer ici. Elles ont importé des légendes où les territoires et les époques se mélangent[24]. Mais c'est bien en Bretagne que se trouvent la forêt magique de Brocéliande et le tombeau[25] de Merlin.
– Et les elfes[26] aussi ?
– Oui ! Et les korrigans, les farfadets... Si tu veux, on peut aller les retrouver cet après-midi, propose Renan en blaguant[27].
– Oh oui ! On y va aujourd'hui ? demande Morgane.
– Tu veux vraiment y aller ?
– Oui, s'il te plaît, papa ! Dis oui !
Renan est enchanté[28] de voir que sa fille a retrouvé sa bonne humeur.
– Ça va mieux, alors ?
– Oui, un peu mieux ! Mais j'ai faim.
– O.K. ! En route ! On passe par Dinan pour manger une galette.

Dinan se trouve à une trentaine de kilomètres. Arrivés dans cette petite ville à l'aspect médiéval[29], ils font quelques pas et observent qu'il y a beaucoup d'animation : ils passent à côté de podiums[30] et de chapiteaux[31]. Une fête se prépare ! Ils choisissent un restaurant de galettes, la spécialité locale. La serveuse, une jeune fille à peine plus âgée que Morgane, vient prendre la commande[32]. Elle sourit.

– Bonjour, je vous reconnais, dit-elle. On s'est vus ce matin sur la plage, à Saint-Briac. J'aide les moniteurs de voile et je donne un coup de main[33] dans ce restaurant pendant le festival.

SAINT-BRIAC ET SAINT-MALO

Ancien village de pêcheurs, Saint-Briac-sur-Mer est situé à une dizaine de kilomètres de Saint-Malo, en Ille-et-Vilaine. Son port et ses plages forment de magnifiques paysages, souvent représentés en peinture. On y trouve des maisons en granit rose, typiques en Bretagne. Plus imposante, Saint-Malo est une cité fortifiée fondée au XIIe siècle. Elle est encore entourée par des remparts.

Le port du Bechet, à Saint-Briac-sur-Mer

– Bonjour mademoiselle, lui répond Renan. Merci encore pour votre aide. Oui, notre expérience en catamaran, ce matin, n'a pas été un succès...
– Oh, c'est dommage[34] ! Mais ce n'est pas grave, il faut réessayer. Je m'appelle Gwen. Enchantée.
– Moi c'est Renan et voici Morgane, ma fille. Vous organisez des stages[35] de voile ? Qu'en penses-tu, Morgane ? Parce que moi, je ne suis pas un bon moniteur, apparemment...
– Papa ! Arrête !
Gwen intervient :
– Vous êtes en vacances[36] ? Pour combien de temps ?
– Deux semaines, répond Renan.
– Alors, Morgane, si ton père est d'accord[37], tu peux t'inscrire au stage qui commence ce lundi à Saint-Briac. C'est génial de naviguer. Et puis, le groupe est super sympa. On est une bande de copains[38], et tu seras la bienvenue !
– Moi, je suis d'accord, dit Renan. Je serais tellement heureux qu'elle aime la voile, comme moi.
– Bon, c'est OK. Je veux bien essayer, dit Morgane en souriant.
– Parfait ! Quelle bonne idée, ajoute Renan. Dites-moi, Gwen, que se passe-t-il à Dinan ? Toute cette animation, c'est pour quel festival ?
– C'est pour les Rencontres internationales de harpes celtiques. C'est absolument génial ! Il ne faut pas rater[39] ça. Ce soir, il y a de super concerts. Je vais y aller avec les autres moniteurs de voile.

– Papa, je peux les accompagner, s'il te plaît ?

Renan regarde sa fille et sourit.

– Oui, bonne idée, comme ça, vous allez faire connaissance. Allez, je vous laisse entre jeunes, conclut Renan. Je vais déposer[40] Morgane ici à 19 heures.

Il regarde Gwen.

– Je vous fais confiance[41], hein ?

LA GALETTE BRETONNE

La galette est une crêpe salée. Mais, à la différence de la crêpe, réalisée avec de la farine de blé, du lait et des œufs, la galette bretonne est un mélange d'eau, d'œuf et de farine de sarrasin (blé noir). En Bretagne, la galette est souvent garnie de jambon, d'œuf, de fromage ou de saucisse, et servie avec du jus de pommes fermenté, le cidre.

Une galette complète (jambon, œuf, fromage)

En réalité, Renan sait qu'il peut faire confiance à sa fille, elle est raisonnable. En plus, il va aussi aller au festival de harpes celtiques de son côté.

– Ne vous inquiétez pas ! répond Gwen.

– Maintenant, dit Renan, on va commander des galettes. Miam, je meurs de faim[42] !

ACTIVITÉS

CHAPITRE 2

1

Imagine que tu échanges ton appartement ou ta maison pour les vacances. Choisis ses caractéristiques dans la liste et décris-le/la en quelques phrases à l'aide des expressions.

- o spacieux(euse)
- o bien décoré/e
- o dans le centre-ville
- o avec une vue magnifique
- o à proximité d'une station de métro
- o dans un quartier calme
- o près de la cathédrale/l'église
- o très lumineux(euse)

Mon appartement/Ma maison est... | Il/Elle se trouve... | Il y a une/des ...

2

Vrai, faux ou on ne sait pas? Coche la bonne réponse.

	Vrai	Faux	On ne sait pas
Gwen a environ le même âge que Morgane.			
Elle travaille tous les jours dans un restaurant à Dinan.			
Elle encourage Morgane à faire de la voile.			
Elle participe à l'organisation des Rencontres internationales de harpes celtiques de Dinan.			
Renan fait confiance à sa fille.			

3

Associe les photos et les légendes.

1. Une sorcière

2. Un vampire

3. Une fée

4

Observe l'arbre généalogique d'Ygerne. À ton tour, dessine ton arbre généalogique et présente ta famille.

♂ Gorlois de Tintagel — ♀ **Ygerne** — ♂ Pendragon

Morgane, Morgause, Elaine (Gorlois de Tintagel et Ygerne) — **Arthur** (Ygerne et Pendragon)

LA FAMILLE D'YGERNE, LA MÈRE D'ARTHUR
Le roi Uther Pendragon est amoureux d'Ygerne, épouse de Gorlois de Tintagel. Il a recours à la magie de Merlin pour voir Ygerne. Ils ont un fils non reconnu, le futur roi Arthur. Avec son époux Gorlois de Tintagel, Ygerne donne naissance à trois filles, Élaine, Morgause et Morgane. Elle épouse Uther Pendragon après la mort de son mari Gorlois de Tintagel.

LES LIENS DE FAMILLE :
le père — la mère — la sœur — le frère — le grand-père
la grand-mère — le demi-frère — la demi-sœur

MYSTÈRE

CONTES ET LÉGENDES CELTIQUES

La Bretagne est connue pour ses légendes et ses histoires mystérieuses. Ses paysages sauvages, ses dolmens, ses menhirs et son architecture médiévale sont les décors de ces histoires merveilleuses, et parfois effrayantes.

Centre mégalithique de St Just

POINTS DE VUE CULTURELS

Parmi les récits bretons les plus connus, on trouve la légende du roi Arthur et des chevaliers de la Table ronde, le mythe de l'Ankou et les korrigans...

Il existe de nombreux récits celtiques du Moyen-Âge autour du roi Arthur. Sa légende raconte la quête du Graal et comment il est devenu roi en parvenant à retirer une épée magique, Excalibur, d'un rocher.

Selon la légende, Merlin vit caché dans la forêt de Brocéliande. Il a construit pour la fée Viviane, la Dame du lac, un château au fond d'un lac. Elle y a recueilli Lancelot, qui est devenu chevalier à la cour du roi Arthur.

L'Ankou est un vieil homme qui transporte les défunts la nuit. D'après le mythe, on entend le grincement des roues de sa charrette. Les korrigans sont des lutins aux cheveux et aux yeux rouges qui ensorcellent les personnes qu'ils croisent.

DICTIONNAIRE VISUEL CHAPITRE 3

LE SOLEIL

UN CHEMIN

UN ARBRE

DES TOURISTES

UN LAC

UNE FONTAINE

LA PLUIE

LE CIEL

UN ÉCLAIR

CHAPITRE 3

Morgane et Renan roulent vers la forêt de Brocéliande. Il fait très chaud dans la voiture. Morgane taquine[43] son père :

– Tu veux te débarrasser de moi[44], comme ça je fais de la voile pendant que tu lis ton journal ?

LA FORÊT DE BROCÉLIANDE

La forêt de Brocéliande est un lieu mystérieux, à l'origine de nombreuses légendes du Moyen Âge, comme celle du roi Arthur. Dans sa quête, Arthur croise des personnages mythiques comme Merlin l'Enchanteur, un magicien, les fées Morgane et Viviane et les chevaliers de la Table ronde. La forêt de Brocéliande, qu'on associe à la forêt de Paimpont, se trouve dans le département de l'Ille-et-Vilaine, en Bretagne.

Le tombeau de Merlin l'Enchanteur

– Quoi ? Mais pas du tout ! Au contraire, je veux que tu t'amuses, j'ai peur que tu t'ennuies toute la journée avec moi. Je voudrais qu'on passe de bonnes vacances ensemble.

– Je rigole, papa.

Renan gare la voiture près de la forêt qui, aujourd'hui, ne s'appelle plus Brocéliande mais Paimpont. Leur promenade commence par un chemin invisible depuis la route, sans aucun panneau d'indication.

– Papa, comment tu connais cet endroit ?

– Je suis né et j'ai grandi à Rennes. Quand j'étais petit, mes parents venaient se promener ici. J'y suis revenu plusieurs fois.

– J'étais avec toi ?

– Oui, quand tu étais petite, nous avons passé des vacances en Bretagne, mais ta mère préférait aller au sud de la région, à La Baule. Il y a plus de soleil et des longues plages de sable.

Morgane et Renan entrent dans la forêt. La fraîcheur est agréable.

– Elle est normale, cette forêt, observe Morgane. Elle n'a rien de terrifiant[45]. Pourquoi elle a inspiré tellement de légendes ?

– Il faut imaginer que cette forêt était immense au Moyen Âge. Il était difficile d'y entrer. Ça lui donnait un caractère mystérieux[46]. Et puis, attends un peu, tu vas voir.

Après une demi-heure de marche, lorsqu'ils arrivent au sommet d'une côte, un arbre majestueux et spectaculaire se dresse[47] devant eux. Ses branches sont comme des tentacules[48].

– Waouh ! s'exclame Morgane.

– C'est le hêtre[49] de Ponthus, un de mes arbres préférés. Aujourd'hui, c'est assez difficile d'arriver jusqu'ici. Il n'y a aucune information pour les touristes. Le propriétaire du terrain[50] veut le protéger. Il a raison.

Quand ils s'approchent, ils constatent qu'ils ne sont pas seuls : un homme étrange se trouve au pied de l'arbre. Il a de longs cheveux et une barbe impressionnante. Il porte une cape et un chapeau à larges bords. Il dispose des feuilles et des fleurs sur des branches d'arbres.

– Qu'est-ce qu'il fait ? demande Morgane à son père.

– C'est peut-être un nouveau druide[51].

– Quoi ? Les druides existent encore ?

Renan remarque que sa fille a les yeux grands ouverts.

– Viens, on va lui parler, propose-t-il.

– Bonjour ! leur dit l'homme lorsqu'il les aperçoit.

– Bonjour ! Qu'est-ce que vous faites ? l'interroge Morgane.

– Je rends hommage[52] au hêtre, répond l'homme.

– Vous êtes druide ? lui demande la jeune fille.

– Absolument, déclare l'homme.

– Ça veut dire quoi, être druide ?

– Nous sommes des passeurs, des intermédiaires entre la nature et les hommes. Et ici, la nature parle beaucoup. Son influence sur nous est très grande. Les lacs, les étangs et les fontaines ont un pouvoir. Nous, les druides, nous sommes leurs gardiens.

Morgane est fascinée. Renan lui propose alors de se diriger non loin de là, vers la fontaine de Barenton, où la légende raconte que Merlin donnait des leçons[53] de magie à la fée Viviane.

– Tu aimes ces histoires ? demande Renan à sa fille.

– Oui, c'est cool !

– Alors, dans les prochains jours, on va aller voir des dolmens et des menhirs. Après Rennes, on va conduire jusqu'à Essé pour voir la roche aux fées, puis jusqu'à Douarnenez, face à la mythique cité d'Ys, disparue sous la mer, et enfin à la pointe du Raz, là où l'océan est sauvage.

– D'accord !

LES DOLMENS ET LES MENHIRS

Les dolmens et les menhirs sont des monuments construits avec un ou plusieurs blocs de pierre.
Les menhirs sont faits avec une seule pierre verticale. En Bretagne, c'est à Carnac qu'on trouve le plus de menhirs (plus de 3 000).
Les dolmens, des lieux funéraires ou de culte, sont différents : ils ressemblent à de grandes tables. Il y a environ 1 000 dolmens en Bretagne. Ils datent de 5 000 à 2 500 avant J.-C.

Les menhirs de Monteneuf

Renan est très content de partager sa passion pour la Bretagne avec sa fille. Ils arrivent à la fontaine de Barenton, où l'eau sort d'un large bloc de pierres[54]. Renan explique à Morgane que, selon la légende, si quelqu'un jette de l'eau de cette source sur la pierre plate qui se trouve à côté, cela provoque une terrible tempête[55].

Morgane a très chaud: elle met la main dans la fontaine pour se rafraîchir[56] et, après une hésitation, dépose quelques gouttes[57] d'eau sur la pierre voisine. Elle sourit à son père.

– Tu prends des risques, lui dit Renan.

L'après-midi se termine, c'est le moment de retourner vers la voiture. Au moment où ils sortent de la forêt, ils remarquent que le ciel change de couleur, il devient presque noir. L'orage éclate[58] avec une rare violence. Des éclairs et des coups de tonnerre[59] accompagnent la pluie qui n'arrête pas.

– Tu vois, dit Renan. Ici les légendes ne sont jamais très loin de la réalité. À la fontaine, tu as sûrement provoqué la colère de Viviane, de Merlin ou des dieux...

– Arrête, papa, tu me fais peur[60] !

– Ne t'inquiète pas, ça va s'arrêter rapidement.

En effet, après quelques minutes, l'intensité de la pluie diminue. Un quart d'heure plus tard, un magnifique soleil apparaît dans le ciel. Renan met le moteur en marche[61], et ils prennent la direction de Dinan.

DINAN, VILLE DU MOYEN-ÂGE

Dinan fait partie des grandes villes bretonnes, avec Rennes, Brest, Quimper et Saint-Malo. Elle se trouve dans les Côtes-d'Armor. Construite sur une colline, c'est une très belle cité fortifiée. On peut y voir de nombreuses maisons datant du Moyen-Âge.

ACTIVITÉS
CHAPITRE 3

1

Choisis la réponse correcte.

a) Renan s'oriente dans la forêt de Brocéliande :

☐ grâce aux panneaux d'indication.

☐ parce qu'il s'y promenait avec ses parents quand il était jeune.

☐ car il est guidé par les elfes.

b) La mère de Morgan :

☐ est originaire de Bretagne.

☐ n'aime pas la Bretagne.

☐ préfère le sud de la Bretagne.

2

Selon la légende, si on jette de l'eau de la fontaine de Barenton sur la pierre qui est à côté…

☐ ça provoque des tempêtes.

☐ ça porte chance.

☐ ça libère Merlin, prisonnier de la fée Viviane.

3

Selon toi, quel arbre est le hêtre de Ponthus ?
Coche la bonne réponse.

EN MUSIQUE !

À L'AISE BREIZH

La Bretagne est une terre musicale. C'est l'une des régions où il y a le plus de festivals de musique en Europe: les Vieilles Charrues, la Route du rock, le Festival interceltique de Lorient et bien d'autres.

Concert de binious

POINTS DE VUE CULTURELS

Cornemuse, bombarde et biniou sont les principaux instruments de ces musiques populaires et métissées, issues des cultures et territoires celtes (Écosse, Irlande, pays de Galles, Bretagne...).

Les fest-noz sont des fêtes, paysannes à l'origine, où l'on danse sur des musiques bretonnes. Dans les années 1970, avec le mouvement folk, les fest-noz ont pris de plus en plus d'importance, y compris dans les villes.

Le Festival interceltique de Lorient s'adresse aux amateurs de musique traditionnelle. Chaque année, pendant une dizaine de jours, les festivaliers s'équipent de parapluies et de lunettes de soleil pour profiter de l'atmosphère chaleureuse.

Les Vieilles Charrues, c'est *le* festival d'été en Bretagne et l'un des meilleurs de France. Pendant quatre jours, pop, rock et musique électro sont joués sur plusieurs scènes installées dans une grande prairie.

DICTIONNAIRE VISUEL CHAPITRE 4

UNE HARPE

UN PARKING

UN BAR

LES PERSONNES ÂGÉES ET LES JEUNES

DES MUSICIENS

UN TEXTO/SMS

UNE CORNEMUSE

CHAPITRE 4

Il est 19 heures quand ils laissent la voiture à l'entrée de la ville. Ils sont un peu en retard. Les parkings sont pleins. Visiblement, le festival attire[62] du monde !

– Tu m'envoies un texto vers 23 heures, minuit au plus tard, O.K. ? demande Renan à Morgane.

– D'acc'.

Morgane rejoint Gwen pendant que Renan s'éloigne[63]. Il prend une petite rue pavée, le Jerzual, qui relie le port à la cité médiévale. C'est la rue la plus pittoresque de Dinan.

Les deux jeunes filles vont rejoindre les moniteurs de voile, réunis devant la Maison de la harpe, *Ti an delenn*. C'est le cœur du festival, et Morgane découvre un monde qui lui plaît : les harpes jouent des mélodies de rêve[64], des mélodies qui la transportent dans des univers de légende. Avec Gwen et ses amis, elle arrive sur une place où l'ambiance est particulièrement animée. Tout le public chante une chanson bretonne avec beaucoup d'émotion.

– Vous parlez tous breton ici ? interroge-t-elle.

– Non, mais certaines chansons traditionnelles sont connues et appréciées par les personnes âgées et les jeunes.

– Tu connais les musiciens ?

– Seulement les bretons. Les autres groupes viennent d'Irlande, d'Écosse et d'Angleterre. C'est logique, ils partagent des origines celtiques. Mais il y a aussi des musiciens qui viennent d'autres pays et d'autres continents.

Morgane trouve que la harpe est un instrument magnifique, elle aime aussi le son de la cornemuse, et c'est une surprise. L'ambiance est extraordinaire, elle commence à comprendre pourquoi son père est aussi attaché à la Bretagne, avec sa culture si riche, ses habitants si accueillants[65]. Elle se sent tout à coup plus proche de lui ! Un des amis de Gwen s'avance vers Morgane :

– Hé, Morgane ! J'imagine que tu sais que ton prénom est breton ?

– Oui, et je l'aime de plus en plus.

L'APPRENTISSAGE DU BRETON À L'ÉCOLE

Interdit en 1902 par l'État français, l'enseignement du breton est aujourd'hui proposé aux enfants dans de nombreuses écoles bretonnes (les écoles Diwan). Les Bretons sont très attachés à leur culture régionale et à la transmission de leur langue. C'est à Rennes, en Ille-et-Vilaine, qu'il y a le plus d'élèves bilingues. *Breizh* signifie « Bretagne » en breton.

– Pourquoi ?

– Parce que je me sens chez moi ici. Et toi, comment tu t'appelles ?

– Frédéric. Pas très breton, mon prénom ! Pourquoi tu dis que tu te sens chez toi en Bretagne ?

– Mon père est né en Bretagne, il y a grandi. C'est la première fois qu'on passe du temps tous les deux ici et qu'il me parle de ses passions. Aujourd'hui, on a vécu un super moment dans la forêt de Brocéliande.

– Ha ! Tu apprécies les lieux mystérieux ?

– Oui, j'adore ! Je suis fan de Tolkien. Et toi ?

– Euh, pas vraiment. Moi, ma passion, c'est la voile. J'en fais depuis que j'ai cinq ans.

– Waouh ! Tu dois être doué alors !

– Tu commences un stage avec nous lundi, c'est ça ?

– Oui, j'espère que vous allez être sympas avec moi, car je suis une vraie débutante.

– Tu verras, c'est génial !

La soirée avance. Il est 22 heures. Un concert se termine, un autre commence. Les jeunes décident d'aller prendre un verre[66]. Ils se dirigent vers un bar animé du centre historique. Morgane y entre avec ses nouveaux amis et aperçoit son père qui chante à côté d'un joueur de cornemuse.

– Regarde, Frédéric, à côté du musicien, c'est mon père !

– Ils ont l'air d'être de vieux amis ! dit Frédéric. Je connais le musicien, c'est Elouan Morvan, un homme célèbre dans la région.

– Pourquoi ?

– C'est une sorte d'encyclopédie vivante, un grand connaisseur de l'histoire de la Bretagne. Il donne plein de conférences.

– Je comprends pourquoi ils s'entendent bien : ce sont deux encyclopédies ! dit Morgane.

– Que fait ton père ?

– Il est professeur d'histoire.

À cet instant, Renan reconnaît sa fille. Il lui fait un signe de la main et elle se dirige vers lui.

– Elouan, je te présente Morgane, ma fille.

– Bonsoir, dit Elouan, en regardant la jeune fille. Comment se passent les vacances ?

– Super ! Au début, je n'étais pas convaincue, mais maintenant, ça va, je me sens très bien. C'est cool, la Bretagne !

– Tu sais, dit Renan, j'ai fait la connaissance d'Elouan il y a seulement quelques heures et il m'a déjà appris plein de choses sur notre famille. C'est passionnant ! Grâce à lui, je peux enfin commencer l'arbre généalogique des Perrec. Je m'en occuperai pendant que tu apprendras à naviguer.

Renan est enchanté. Sa fille a complètement changé d'humeur en un seul jour. Morgane, elle, observe son père. C'est la première fois depuis longtemps qu'elle se sent bien avec lui.

Décidément, les vacances commencent bien ! Et la soirée n'est pas finie !

ACTIVITÉS

CHAPITRE 4

1

Ces affirmations sont inexactes. Modifie un ou plusieurs mots pour corriger les erreurs.

a) Renan trouve une place de stationnement dans un parking à l'entrée de la ville.

----

b) Renan demande à Morgane de le rejoindre à minuit.

----

c) Seuls les personnes âgées chantent en breton.

----

d) Frédéric est un ami de Renan.

----

e) Dans un bar, Morgane remarque que son père est un homme solitaire et mélancolique.

2

Réponds aux questions suivantes.

a) Quel événement y a-t-il à Dinan ce soir-là ?

----

b) Comment s'appelle la rue la plus pittoresque de Dinan ?

----

c) Avec qui Morgane et Gwen ont-elles rendez-vous ?

----

d) Peux-tu citer quatre pays ou régions qui ont des origines celtiques ?

3

Complète l'article d'un quotidien avec les verbes manquants.

applaudir | jouer | venir | avoir

À Dinan, les harpes font la fête !

Belle ambiance à Dinan en ce 11 juillet, premier jour du festival. Dans les rues, sur les places, des musiciens ______ des airs traditionnels.

Le public participe, les spectateurs ______ avec beaucoup d'émotion.

De nombreux artistes bretons sont présents, ainsi que d'autres groupes qui ________ d'Écosse, d'Irlande... Ils ________ la même culture celtique, encore bien vivante aujourd'hui à Dinan.

LA BRETAGNE

UNE RÉGION PLUVIEUSE ?

La Bretagne a la réputation d'être une région pluvieuse, où l'on vit avec des bottes de pluie et un manteau jaune. Pourtant, ce n'est pas la région la plus humide de France...

POINTS DE VUE CULTURELS

Dans le Finistère, situé dans l'extrême ouest de la France, on observe des nuages bas, même en été. Le parapluie est un accessoire tout aussi indispensable que le maillot de bain et la crème solaire quand on part en vacances en Bretagne !

Info : il pleut ! Le Finistère est le département le moins ensoleillé de France métropolitaine à cause des courants et de l'humidité venant de l'océan. C'est à Brest qu'il y a le plus de jours de pluie dans la région : il pleut 159 jours par an.

Intox : il fait parfois beau ! Ce n'est pas en Bretagne qu'il pleut le plus, mais au Pays basque, dans le sud-ouest de la France. Dans le Morbihan et les Côtes-d'Armor, le climat est agréable et les étés sont chauds.

Le crachin est une petite pluie, assez fréquente en Bretagne. Le vent souffle beaucoup, parfois très fort. Grâce aux vents et aux courants marins, la météo change vite en Bretagne, et la pluie peut soudain faire place au beau temps.

Chapitre 1

FRANÇAIS	ANGLAIS	ESPAGNOL	ALLEMAND	ITALIEN
1. un lieu pittoresque	a picturesque location	un lugar pintoresco	ein malerischer Hafen	un luogo pittoresco
2. restaurer une maison	to restore a house	restaurar una casa	ein Haus restaurieren	risistemare una casa
3. louer une maison	to rent a house	alquilar una casa	ein Haus mieten	affittare una casa
4. éclairer	to light up	iluminar	erhellen, bescheinen	rischiarare
5. faire la tête	to sulk	poner mala cara	ein brummiges Gesicht machen	mettere il broncio
6. le rez-de-chaussée	the ground floor	la planta baja	das Erdgeschoss	il pianterreno
7. insister	to insist	insistir	darauf bestehen	insistere
8. divorcer	to get divorced	divorciarse	sich scheiden lassen	divorziare
9. avoir le mal de mer	to be seasick	estar mareado/a	seekrank sein	soffrire il mal di mare
10. ne pas avoir l'habitude de quelque chose	not to be used to something	no estar acostumbrado a algo	etwas nicht gewohnt sein	non essere abituati a qualcosa
11. le silence s'installe	silence set in	se hace un silencio	Schweigen breitet sich aus	cala il silenzio
12. prendre un médicament	to take a medicine	tomar un medicamento	eine Medizin einnehmen	prendere una medicina
13. être agacé/e	to be annoyed	estar irritado/a	genervt sein	essere irritato/a
14. un port	a harbour	un puerto	ein Hafen	un porto
15. vomir	to be sick	vomitar	sich übergeben	vomitare
16. tenir la barre	to take the helm	tomar el timón	das Ruder halten	stare al timone
17. ne pas profiter de quelque chose	not to make the most of something	no disfrutar de algo	von etwas nicht profitieren, nichts haben	non godersi qualcosa

Chapitre 2

FRANÇAIS	ANGLAIS	ESPAGNOL	ALLEMAND	ITALIEN
18. se réfugier quelque part	to take refuge somewhere	refugiarse en algún sitio	sich an einen Ort flüchten, zurückziehen	rifugiarsi da qualche parte
19. une légende	a legend	una leyenda	eine Legende	una leggenda
20. ressentir de la tristesse	to feel sad	sentirse triste	Traurigkeit verspüren	provare tristezza
21. un/e télépathe	a telepath	un/a telépata	ein/e Telepath/in	un/a sensitivo/a
22. les chevaliers de la Table ronde	the knights of the round table	los caballeros de la Mesa Redonda	die Ritter der Tafelrunde	i cavalieri della tavola rotonda
23. le Moyen Âge	the Middle Ages	la Edad Media	das Mittelalter	il Medioevo
24. se mélanger	to get mixed up	mezclarse	sich vermischen	confondersi
25. un tombeau	a tomb	una tumba	ein Grab	una tomba
26. des elfes	elves	elfos	eine Elfe	degli elfi
27. blaguer	to joke	bromear	Spaß machen, scherzen	scherzare
28. être enchanté/e	to be delighted	estar encantado/a	sich freuen	essere felice
29. médiéval	mediaeval	medieval	mittelalterlich	medievale
30. un podium	a stage	un podio	ein Podest	un palco
31. un chapiteau	a tent	un capitel	ein Festzelt	un tendone
32. prendre une commande	to take an order	tomar nota	eine Bestellung aufnehmen	prendere un'ordinazione
33. donner un coup de main	to give a hand	echar una mano	mit anpacken	dare una mano
34. c'est dommage!	what a pity!	¡qué lástima!	Das ist schade!	che peccato!
35. organiser un stage	to organize a course	organizar un cursillo	ein Praktikum, eine Übungsstunde organisieren	organizzare un corso
36. être en vacances	to be on holiday	estar de vacaciones	in Ferien sein	essere in vacanza
37. être d'accord	to agree	estar de acuerdo	einverstanden sein	essere d'accordo

38. une bande de copains / d'amis	a group of friends	un grupo de colegas / amigos	eine Gruppe/ Clique von Freunden	un gruppo di amici
39. rater / manquer un événement	to miss an event	perderse un acontecimiento	ein Ereignis verpassen	saltare/perdersi un evento
40. déposer quelqu'un quelque part	to drop someone off somewhere	llevar a alguien a algún sitio	jemanden irgendwo hinbringen/ absetzen	accompagnare qualcuno da qualche parte
41. faire confiance à quelqu'un	to trust someone	confiar en alguien	jemandem vertrauen	fidarsi di qualcuno
42. mourir de faim	to be starving	morirse de hambre	verhungern	morire di fame

FRANÇAIS	ANGLAIS	ESPAGNOL	ALLEMAND	ITALIEN
43. taquiner quelqu'un	to tease someone	pinchar / chinchar	jemanden hänseln, necken	punzecchiare qualcuno
44. se débarasser de quelqu'un	to get rid of someone	librarse de alguien	jemanden loswerden	liberarsi di qualcuno
45. terrifiant	terrifying	terrorífico/a	schauerlich, furchtein-flößend	terrificante
46. mystérieux	mysterious	misterioso	misteriös, rätselhaft	misterioso
47. se dresser devant quelqu'un	to rise up in front of someone	erigirse ante alguien	sich vor jemandem erheben	ergersi davanti a qualcuno
48. une tentacule	a tentacle	un tentáculo	ein Tentakel	un tentacolo
49. un hêtre	a beech	un haya	eine Rotbuche	un faggio
50. un terrain	a (plot of) land	un terreno	ein Gelände, Grundstück	un terreno
51. un druide	a druid	un druida	ein Druide	un druido
52. rendre hommage	to pay tribute	rendir homenaje	würdigen, ehren	rendere omaggio
53. donner une leçon / un cours	to give a lesson / a class	dar clases	Unterricht erteilen	tenere una lezione / un corso
54. un bloc de pierres	a block of stone	un bloque de piedras	ein Felsblock	un blocco di pietra
55. une terrible tempête	a terrible storm	una tormenta terrible	ein fürchterliches Unwetter	una tempesta terribile
56. se rafraîchir	to cool down	refrescarse	sich erfrischen	rinfrescarsi
57. une goutte d'eau	a drop of water	una gota de agua	ein Wassertropfen	una goccia d'acqua
58. éclater (un orage)	to break (a thunderstorm)	estallar (una tormenta)	(ein Gewitter) ausbrechen	scoppiare (un temporale)
59. un coup de tonnerre	a clap of thunder	un trueno	ein Donnerschlag	un tuono
60. faire peur	to frighten	dar miedo	Angst machen	far paura
61. mettre un moteur en marche	to start an engine	poner un motor en marcha	einen Motor anlassen	accendere un motore

FRANÇAIS	ANGLAIS	ESPAGNOL	ALLEMAND	ITALIEN
62. attirer du monde	to attract people	atraer a mucha gente	viele Leute anziehen	attirare gente
63. s'éloigner	to go away	alejarse	sich entfernen	allontanarsi
64. une mélodie de rêve	a dreamlike melody	una melodía de ensueño	eine träumerische Melodie	una melodia da sogno
65. être accueillant	to be welcoming	ser acogedor	freundlich, gastlich	essere accogliente
66. prendre un verre	to have a drink	tomar una copa	einen trinken	bere qualcosa

La Bretagne DES ORIGINES CELTIQUES

p. 14-15

Brittany's CELTIC ORIGINS

Brittany is one of the eighteen French regions. It is located in the west of France, next to the Atlantic Ocean and the Channel. It is the fourth most popular region of France for tourism.

The first Bretons lived in what is now Great Britain. Invaded by the Romans, they maintained their language, Breton, and many regional customs. They were then invaded by the Saxons, a Germanic people. They then began to migrate toward Armorica, in what is now Brittany.

Brittany offers a variety of landscapes: seashore, pink granite coast, woods, forests and towns such as Quimper, Rennes and Dinan which are well-preserved.

Brittany is one of the French regions with the most islands: the Glénan Islands with their turquoise water, Bréhat Island, Ushant Island and its sheep, Île aux Moines and it beaches, Belle-Île-en-Mer, the biggest...

The Bretons love their region and are proud of their cultural heritage: their Celtic origins, their language, Breton, their pink granite houses, their fishing harbours, their beaches, their traditional music and songs...

La Bretaña DE ORIGEN CELTA

Bretaña es una de las dieciocho regiones de Francia. Se encuentra al noroeste del país, al lado del Océano Atlántico y del canal de la Mancha. Es la cuarta región más turística de Francia.

Los primeros bretones habitaban donde se encuentra la Gran Bretaña actual. Fueron invadidos por los romanos, pero conservaron su lengua, el bretón, y muchas costumbres regionales. Más tarde sufrieron la invasión de los sajones, un pueblo germánico, y empezaron su migración hacia Armórica, situada en la Bretaña actual.

En Bretaña existen paisajes muy variados: las zonas marítimas, la costa de granito rosa, los bosques y ciudades bien conservadas, como Quimper, Rennes o Dinan.

Bretaña es una de las regiones de Francia con más islas: el archipiélago de las Glénan y sus aguas turquesas, la isla de Bréhat, la isla de Ouessant y sus ovejas, la Île-aux-Moines (Isla de los Monjes) y sus playas, Belle-Île-en-Mer, la de mayor tamaño, etc.

Los bretones están muy unidos a su región y se sienten orgullosos su patrimonio cultural: sus orígenes celtas, su lengua, el bretón, sus casas de granito rosa, sus puertos pesqueros, sus playas, su música y sus canciones tradicionales, etc.

Die Bretagne
KELTISCHE URSPRÜNGE

Die Bretagne ist eine der insgesamt 18 französischen Regionen. Sie liegt im Westen Frankreichs, am Atlantischen Ozean und am Ärmelkanal. Unter den touristisch beliebtesten Regionen Frankreichs belegt sie den vierten Platz.

Die ersten Bretonen lebten im heutigen Großbritannien. Nach dem Einmarsch der Römer bewahrten sie sich ihre Sprache, das Bretonische, und viele regionale Bräuche. Später fielen die Sachsen ein, ein germanisches Volk. Daraufhin begannen die Bretonen ihre Migration nach Armorien in der heutigen Bretagne.

Die Landschaft der Bretagne ist vielfältig: Strandgebiete, die rosa Granitküste, verschiedene Wälder sowie Städte wie Quimper, Rennes und Dinan sind erhalten.

Die Bretagne gehört zu den Regionen Frankreichs mit den meisten Inseln: Das Archipel von Glénan und seine türkisfarbenen Wasser, die Insel Bréhat, die Insel von Ousseant und ihre Schafe, die Moines-Insel und ihre Strände, Belle-Île en mer, die größte von allen...

Die Bretonen sind stark mit ihrer Region verbunden und stolz auf ihr kulturelles Erbe: ihre keltischen Wurzeln, ihre Sprache, das Bretonische, ihre Häuser aus rosa Granit, ihre Fischerhäfen, ihre Strände, ihre Musik und traditionellen Gesänge...

La Bretagna
E LE SUE ORIGINI CELTICHE

La Bretagna è una delle diciotto regioni francesi. È situata nella parte occidentale della Francia e si affaccia sull'oceano Atlantico e sulla Manica. È la quarta regione del paese in termini di affluenza turistica.

I primi Bretoni abitavano nell'odierna Gran Bretagna. Durante l'invasione romana, conservarono la loro lingua, il bretone, e diversi costumi regionali. Successivamente furono invasi dai Sassoni, un popolo di origine germanica. Poi iniziarono a migrare verso l'Armorica, nella Bretagna odierna.

In Bretagna, il paesaggio è molto vario: i litorali marini, la costa di granito rosa, i boschi, le foreste e città come Quimper, Rennes o Dinan, sono perfettamente conservati.

La Bretagna è la regione francese che vanta il maggior numero di isole: l'arcipelago delle Glénan e le sue acque turchesi, l'isola di Bréhat, quella d'Ouessant con le sue pecore, l'Île aux Moines e le sue spiagge, e poi la più grande, la Belle-Île...

I bretoni sono affezionati alla loro regione e fieri del loro patrimonio culturale: le origini celtiche, la lingua (il bretone), le case di granito rosa, i porti pescherecci, le spiagge, la musica e i canti tradizionali...

Mystère
CONTES ET LÉGENDES CELTIQUES

p. 26-27

Mystery
CELTIC TALES AND LEGENDS

Brittany is well-known for its legends and its mysterious stories. Its wild landscapes, its dolmens, its menhirs and its mediaeval architecture are the setting for these wonderful and sometimes frightening stories.

The most well-known Breton tales include the legend of King Arthur and his knights of the round table, the myth of Ankou and the korrigans...

There are many Celtic tales from the Middle Ages about King Arthur. This legend describes the quest for the Holy Grail and how Arthur became king on managing to remove a magic sword, Excalibur, from a rock.

According to the legend, Merlin lives hidden away in the Forest of Brocéliande. He built a castle at the bottom of the lake for the fairy Viviane, the Lady of the Lake. She takes in Lancelot, who becomes a knight in King Arthur's court.

Ankou is an old man who transports the deceased at night. According to the myth, you can hear the squeaking of the wheels of his cart. The korrigans are dwarves with red hair and eyes who enchant the people that they come across.

Misterio
CUENTOS Y LEYENDAS CELTAS

Bretaña es conocida por sus leyendas y sus historias de misterio. Los paisajes salvajes, los dólmenes, los menhires y la arquitectura medieval forman parte de la decoración de estas historias maravillosas y, a veces, aterradoras.

Entre los relatos bretones más conocidos, se encuentran la leyenda del rey Arturo y los caballeros de la Mesa Redonda, y el mito de Ankou y los korrigans.

Existen muchos cuentos celtas de la Edad Media sobre el rey Arturo. Su leyenda narra la búsqueda del Grial y cómo se convirtió en rey al conseguir arrancar una espada mágica, Excalibur, de una roca.

Según la leyenda, Merlín vivió escondido en el bosque de Brocelianda. Construyó un castillo en el fondo de un lago para el hada Viviana, la Dama del Lago. En este castillo acogió Viviana a Lanzarote, que se convertirá en caballero de la corte del rey Arturo.

Ankou es un anciano que transporta a los difuntos durante la noche. Según el mito, puede oírse el chirrido de las ruedas de su carreta. Los korrigans son duendes con el pelo y los ojos rojos que hechizan a aquellos que se encuentran a su paso.

Mysterien
KELTISCHE GESCHICHTEN UND LEGENDEN

Die Bretagne ist bekannt für ihre Legenden und geheimnisvollen Geschichten. Wilde Landschaften, Dolmen, Menhire und mittelalterliche Architektur sind die Kulisse für diese wundervollen und manchmal schaurigen Geschichten.

Zu den bekanntesten bretonischen Erzählungen gehören die Legende des Königs Arthur und der Ritter der Tafelrunde sowie der Mythus des Ankou und der korrigans...

Um den König Arthur ranken sich zahlreiche keltische Geschichten aus dem Mittelalter. Die Legende erzählt seine Suche nach dem Graal und wie er es schaffte, ein magisches Schwert mit dem Namen Excalibur aus einem Felsen zu ziehen, und damit zum König wurde.

Merlin lebte der Legende nach im Wald von Brocéliande versteckt. Für die Fee Viviane, die Dame des Sees, baute er auf dem Grund eines Sees ein Schloss. Sie empfängt dort Lancelot, der Ritter am Hofe des Königs Arthur wird.

Der Ankou ist ein alter Mann, der in der Nacht Verstorbene transportiert. Dem Mythos zufolge hört man das Knirschen der Räder an seinem Karren. Die korrigan sind Kobolde mit roten Haaren und roten Augen, die die Menschen, die ihnen begegnen, verhexen.

Mistero
RACCONTI E LEGGENDE CELTICHE

La Bretagna è nota per le sue leggende e le sue storie misteriose. A fare da sfondo a questi racconti meravigliosi e talvolta terrificanti sono i suoi panorami selvaggi, i dolmen, i menhir e le architetture medievali.

Tra le storie bretoni più famose vi sono la leggenda di re Artù e dei cavalieri della Tavola rotonda, il mito di Ankou e quello dei korrigan...

Esistono molte storie celtiche medievali sulla figura di re Artù. La sua leggenda narra della ricerca del Sacro Graal e di come Artù divenne re estraendo una spada magica, Excalibur, da una roccia.

Secondo la leggenda, Merlino viveva nascosto nella foresta di Brocéliande e costruì per la fata Viviana, la Dama del lago, un castello in fondo a un lago. Qui la Dama accolse Lancillotto, che divenne cavaliere alla corte di re Artù.

Ankou è un vecchio che trasporta i defunti di notte. Secondo la leggenda, a volte si sentono le ruote del suo carretto cigolare. I korrigan sono delle creaturine con i capelli e gli occhi rossi che stregano le persone che incontrano.

En musique !
À L'AISE BREIZH

p. 38-39

And music !
BRITTANY IS COOL

Brittany is a land of music. It is one of the European regions with the most music festivals: the *Vieilles Charrues, la Route du rock*, the *Festival interceltique de Lorient* and many others.

Bagpipes, bombard and biniou are the main instruments of these blends of popular music, originating in Celtic cultures and territories (Scotland, Ireland, Wales, Brittany…).

Fest-noz are festivals of peasant origin, with dancing to Breton music. In the 1970s, with the folk movement, *fest-noz* became increasingly important, even in towns.

The *Festival interceltique de Lorient* is for the lovers of traditional music. Each year, for about 10 days, the festivalgoers get their umbrellas and sunglasses out to take advantage of the warm atmosphere.

The *Vieilles Charrues* is the summer festival in Brittany and one of the best in France. Over four days, pop, rock and electro music are played on several stages installed in a big field.

¡Con música!
À L'AISE BREIZH

Bretaña es una tierra musical. Es una de las regiones de Europa con más festivales de música: les *Vieilles Charrues*, la *Route du rock*, el *Festival interceltique de Lorient* y muchos otros.

La gaita, la bombarda y la gaita bretona son los instrumentos principales de esta música popular y mestiza, procedente de las culturas y los territorios celtas (Escocia, Irlanda, el país de Gales, Bretaña, etc.).

Las *fest-noz* son fiestas, en su origen campesinas, en las que se baila al ritmo de la música bretona. En los años setenta, con el movimiento folk, las *fest-noz* adquirieron una importancia creciente, también en las ciudades.

El *Festival interceltique de Lorient* está dedicado a los amantes de la música tradicional. Todos los años, durante diez días, los asistentes se equipan de paraguas y gafas de sol para disfrutar de un ambiente muy acogedor.

Les *Vieilles Charrues* es el festival del verano en Bretaña y uno de los mejores de Francia. Durante cuatro días se toca música pop, rock y electrónica en los diferentes escenarios instalados en un gran prado.

Mit Musik!

À L'AISE BREIZH – BRETONISCHE LEICHTIGKEIT

Die Bretagne ist ein musikalischer Landstrich. Sie gehört zu den Regionen mit den meisten Musikfestivals in Europa: die *Vieilles Charrues*, die Route der Rockmusik, das interkeltische Festival von Lorient und viele mehr.

Dudelsack, Bombarde und Biniou, ein spezieller bretonischer Dudelsack, sind die Hauptinstrumente dieser volkstümlichen und vermischten Musikstile, hervorgegangen aus den keltischen Kulturen und Territorien (Schottland, Irland, Wales, die Bretagne...).

Die *fest-noz* sind ein Fest bäuerlichen Ursprungs, auf dem zu bretonischer Musik getanzt wird. Mit der Folklorebewegung der siebziger Jahre haben die *fest-noz* zunehmend an Bedeutung auch in den Städten gewonnen.

Das interkeltische Festival von Lorient richtet sich an die Fans traditioneller Musik. Jedes Jahr rüsten sich die Festivalbesucher mit Regenschirmen und Sonnenbrillen, um die anheimelnde Atmosphäre zu genießen.

Die *Vielles Charrues* sind das Sommerfestival in der Bretagne und eines der besten Frankreichs. Vier Tage lang werden Pop, Rock und Elektromusik auf mehreren in einer großen Wiesenlandschaft installierten Bühnen gespielt.

Musica!

BRETAGNA SPENSIERATA

La Bretagna è una terra ricca di musica. È una delle regioni d'Europa che vanta il maggior numero di festival musicali: quello delle *Vieilles Charrues, la Route du rock*, il Festival interceltico di Lorient e molti altri.

Cornamusa, bombarda e biniou sono i principali strumenti di queste musiche popolari e meticce, tipiche delle culture e dei territori celtici (Scozia, Irlanda, Galles, Bretagna...).

I *fest-noz* sono feste di origine contadina durante le quali si balla al ritmo delle musiche bretoni. Negli anni Settanta, grazie al movimento folk, si sono diffusi sempre di più, anche nelle città.

Il Festival interceltico di Lorient è dedicato agli amanti della musica tradizionale. Ogni anno, per una decina di giorni, i partecipanti si armano di ombrelli e occhiali da sole per godersi la sua atmosfera accogliente.

Quello delle *Vieilles Charrues* è il festival estivo per eccellenza della Bretagna, nonché uno dei più belli di Francia. Per quattro giorni, sui tanti palchi collocati in un grande prato, si suonano pop, rock e musica elettronica.

La Bretagne, UNE RÉGION PLUVIEUSE ?

p. 48-49

Brittany, A RAINY REGION?

Brittany has the reputation of being a rainy region, where everyone has Wellington boots and a yellow raincoat. It is not, however, the wettest region of France.

In Finistère, in the extreme west of France, there are low clouds even in the summer. However, the umbrella is an accessory which is just as essential as swimwear or sun cream when you go on holiday in Brittany!

True: it rains! Finistère is the least sunny department of mainland France because of the currents and moisture which come from the ocean. Brest has the most days of rainfall. It rains 159 days a year in this city.

False: sometimes there's nice weather! It doesn't rain the most in Brittany, but rather in the Basque Country, in south-west France. There is a pleasant climate in Morbihan and Côtes-d'Armor, with warm summers.

There is quite frequent drizzle, light rain, in Brittany. The wind blows a lot, sometimes very strongly. Thanks to the wind and the sea currents, the weather changes quickly in Brittany, and the rain can suddenly give way to nice weather.

Bretaña, ¿REGIÓN LLUVIOSA?

Bretaña tiene fama de ser una región lluviosa, donde se vive con botas de agua e impermeable amarillo. Sin embargo, no es la región más húmeda de Francia.

En Finisterre, en el extremo oeste de Francia, pueden observarse nubes bajas incluso en verano. Sin embargo, el paraguas es un accesorio tan indispensable como el bañador o la crema solar cuando se va de vacaciones a Bretaña.

Nota informativa: ¡Llueve! Finisterre es el departamento con menos sol de la Francia metropolitana debido a las corrientes y a la humedad procedentes del océano. Brest es la población con más días de lluvia. Llueve 159 días al año.

Intoxicación informativa: ¡A veces hace buen tiempo! Donde más llueve no es en Bretaña, sino en el País Vasco francés, en el sudoeste de Francia. En Morbihan y las Costas de Armor, el clima es agradable y los veranos son cálidos.

El *crachin* es una lluvia fina, bastante frecuente en Bretaña. El viento sopla con fuerza, a veces con mucha fuerza. Gracias a los vientos y a las corrientes marinas, el tiempo cambia rápidamente en Bretaña y la lluvia puede dejar paso, de repente, a un día soleado.

Die Bretagne,
REGENLANDSCHAFT?

Die Bretagne hat den Ruf, eine sehr regnerische Region zu sein, in der es sich am besten mit Gummistiefeln und gelber Wachsjacke lebt. Dennoch ist sie nicht die feuchteste Gegend Frankreichs.

Im Finistère, im äußersten Westen Frankreichs, lassen sich auch im Sommer tiefhängende Wolken sehen. Wer in die Bretagne in Urlaub fährt, benötigt jedoch den Regenschirm ebenso wie Badeanzug oder Sonnencreme!

Info: Es regnet! Aufgrund der vom Ozean kommenden Strömungen und Feuchtigkeit ist das Finistère das am wenigsten sonnige Département des französischen Festlandes. Die meisten Regentage gibt es in Brest. In dieser Stadt regnet es 159 Tage im Jahr.

Fake-News: Manchmal ist auch schönes Wetter! Nicht in der Bretagne regnet es am meisten, sondern im Baskenland im Südwesten Frankreichs. In der Morbihan-Gegend und an den Armor-Küsten ist das Klima angenehm und die Sommer sind heiß.

Der *crachin* ist ein in der Bretagne recht häufig vorkommender Sprühregen. Der Wind weht heftig, manchmal sehr stark. Dank der Winde und Meeresströmungen wechselt das Wetter in der Bretagne schnell und der Regen kann plötzlich schönem Wetter weichen.

La Bretagna,
UNA REGIONE PIOVOSA?

La Bretagna ha la fama di essere una regione piovosa, dove si vive con gli stivali di gomma e la cerata gialla. Eppure non è affatto la regione più umida della Francia.

Nel Finistère, la punta occidentale della Francia, si vedono nubi basse anche in estate. E quando si va in vacanza in Bretagna, l'ombrello è un accessorio indispensabile quanto il costume da bagno o la crema solare!

Le news: piove! Il Finistère è il dipartimento meno soleggiato della Francia metropolitana per via delle correnti e dell'umidità proveniente dall'oceano. Brest è la città che ha il maggior numero di giorni di pioggia: qui piove 159 giorni all'anno.

Le fake-news: a volte fa bello! La regione più piovosa della Francia non è la Bretagna, ma il Paese basco, situato nel sudovest del paese. Nel Morbihan e nelle Côtes-d'Armor il clima è piacevole e le estati calde.

Il *crachin* è una pioggerella fine piuttosto frequente in Bretagna. Il vento soffia spesso, a volte molto forte. Grazie ai venti e alle correnti marine, in Bretagna il tempo cambia velocemente e all'improvviso la pioggia può far posto al bel tempo.